leónfante

girafuro

mormono

leónvora

Jirafamello

camellogur

Serpienguro

camellopiente

Lila Prap

¿Por qué?

¡Mis queridos amigos curiosos!
Si no les gustan ninguna de las respuestas a las preguntas en este libro,
ni siquiera las que han sido pensadas por los científicos,
que están marcadas con un asterisco ★, entonces por qué no inventan
las propias. Y si tienen problemas por la forma en que se ven algunos animales,
por favor sueñen con algunas nuevas especies.

Prap, Lila
¿Por qué? – 2a ed. – Buenos Aires: Unaluna, 2008.
    36 p.: il.; 22,5x22,5 cm.
Traducido por: Ana Burgert
ISBN 978-987-1296-39-2
1. Literatura Infantil Eslovena. I. Burgert, Ana, trad. II. Título
CDD 891.809 282

Título Original: Why
Textos e ilustraciones: Lila Prap
Traducción al castellano: Ana Burgert

ISBN: 978-987-1296-39-2

Distribuidores exclusivos: Editorial Heliasta S.R.L.
Viamonte 1730 – 1er piso (C1055 ABH) Buenos Aires, Argentina
Tel.: (54-11) 4371-5546 – Fax: (54-11) 4375-1659
www.unaluna.com.ar / editorial@unaluna.com.ar

¿Por qué?

Lila
Prap

unaLuna

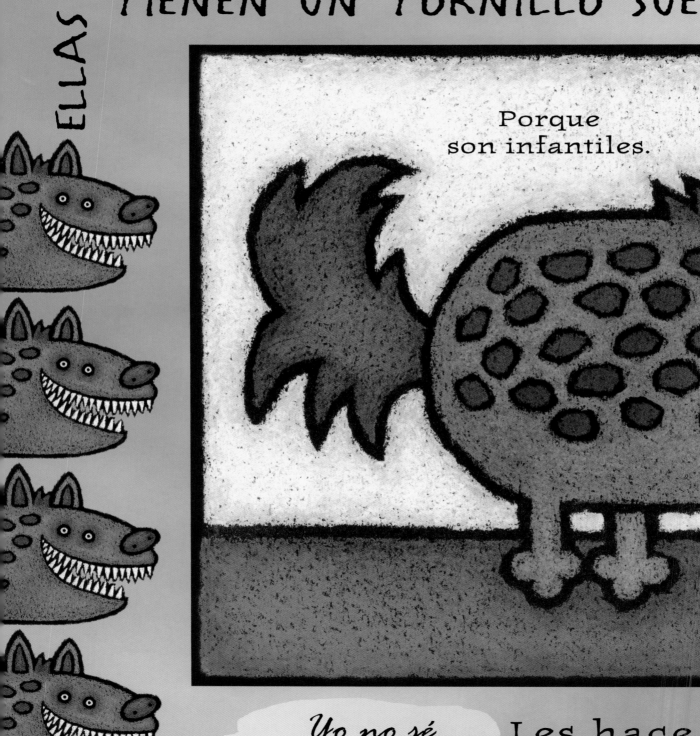

¿Por qué se ríen las hienas?

Las hienas utilizan sonidos semejantes a la risa para comunicarse entre ellas. Son animales a los que les gusta la basura y comen los restos que otros animales no tocarían, como los huesos, las pezuñas y hasta la piel. Pueden comer hasta 15 kilos de carne de una vez.

las caminar descalzas en el pasto.

Ellas se escaparon de la prisión.

Porque las madres también son rayadas.

Porque no pueden

Las cebras son caballos que están vestidos con pijamas.

Las cebras andan en manadas, y cuando corren, las rayas en movimiento confunden a los cazadores. Todas las cebras tienen un dibujo un poco diferente, de la misma manera que cada persona tiene huellas digitales diferentes. Las cebras viven en África. Se alimentan con pasto. Cuando son salvajes viven entre 10 y 25 años, en los zoológicos hasta 35 años.

decidir si ser blancas o negras.

Para lavar las nubes.

Están regando el pasto del mar.

ES SU NARIZ QUE

¿por qué

las ballenas escupen agua?

GOTEA CUANDO TIENEN UN RESFRÍO.

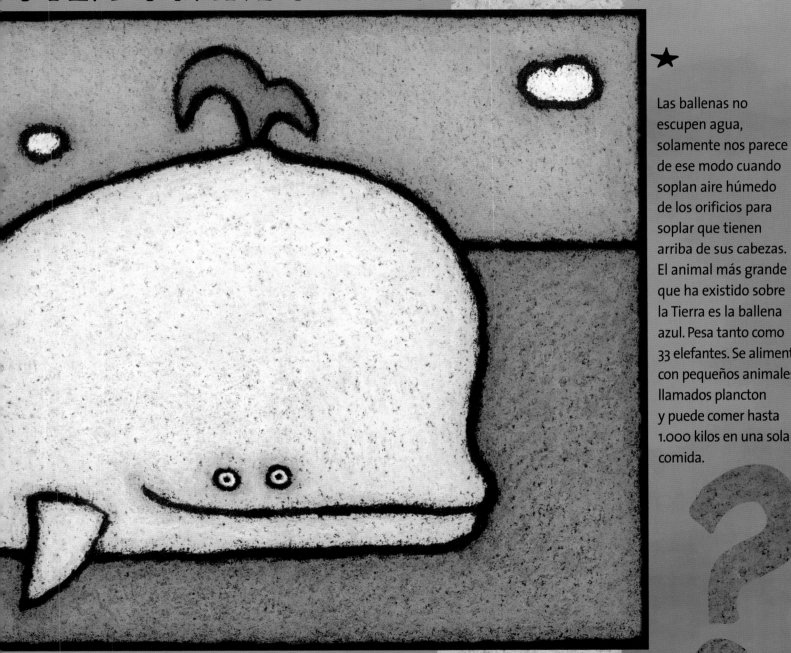

★

Las ballenas no escupen agua, solamente nos parece de ese modo cuando soplan aire húmedo de los orificios para soplar que tienen arriba de sus cabezas. El animal más grande que ha existido sobre la Tierra es la ballena azul. Pesa tanto como 33 elefantes. Se alimenta con pequeños animales llamados plancton y puede comer hasta 1.000 kilos en una sola comida.

Para divertirse.

PARA SEGUIR SUS NARICES.

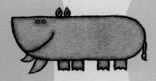

Para
que los
podamos
sujetar
si se quieren
escapar.

No
crecerían
en ningún
otro lado.

¿Por qué los rinocerontes tienen

Para poder anclarse cuando estornudan.

Con sus cuernos duros, los rinocerontes se defienden o pelean con otros machos para ganarse a una hembra. Algunos rinocerontes tienen dos cuernos. La piel de los rinocerontes es muy gruesa pero no los protege de los molestos insectos que los atacan y les pican. Así que se revuelcan en el barro lo que les da más protección. Los pájaros los picotean y los limpian de los insectos, lo que les significa una gran ayuda.

cuernos sobre sus narices?

No se sentaron derechos cuando eran pequeños.

Porque están acostumbrados.

PARA CONFUNDIR A SUS JINETES.

★

Las jorobas de los camellos guardan grasa para los tiempos en los que no hay mucho para comer. Los camellos pueden sobrevivir hasta 10 meses sin tomar agua. Pueden beber 136 litros de agua de una sola vez. Durante las tormentas de arena cierran por completo los orificios nasales para que no les entre arena.

os camellos llevan a través del desierto.

PORQUE ESTÁN MALCRIADOS.

Tienen miedo al agua.

Porque nadie quiere

Lloran
cuando
tienen sueño.

Los cocodrilos no lloran porque están tristes. Cuando están fuera del agua por mucho tiempo, sus ojos se resecan y las lágrimas los humedecen nuevamente. Los cocodrilos son reptiles. Existen desde que los dinosaurios vivieron en la Tierra. Les gusta acostarse al sol con la boca bien abierta.

jugar con ellos.

Porque
sus
cuerpos
cuelgan
detrás
de sus
cabezas.

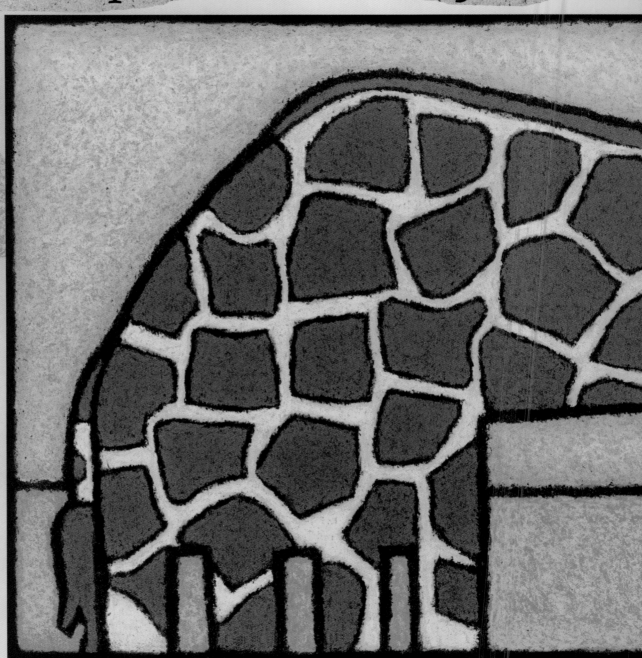

Para tener sus cabezas dentro de las nubes.

¿POR

tallarines crudos.

No tengo idea.

Hay muchos animales en el territorio donde viven las jirafas, pero no hay mucho alimento. Gracias a sus cuellos largos las jirafas pueden comer las hojas de las acacias que crecen a gran altura, y que ningún otro animal puede alcanzar. Las jirafas usan su lengua de medio metro para llegar todavía más arriba.

QUÉ LAS JIRAFAS TIENEN CUELLOS LARGOS?

¿Por qué los canguros tienen bolsillos?

Para esconder sus ombligos.

Para no perder sus

PARA GUARDAR SUS JUGUETES.

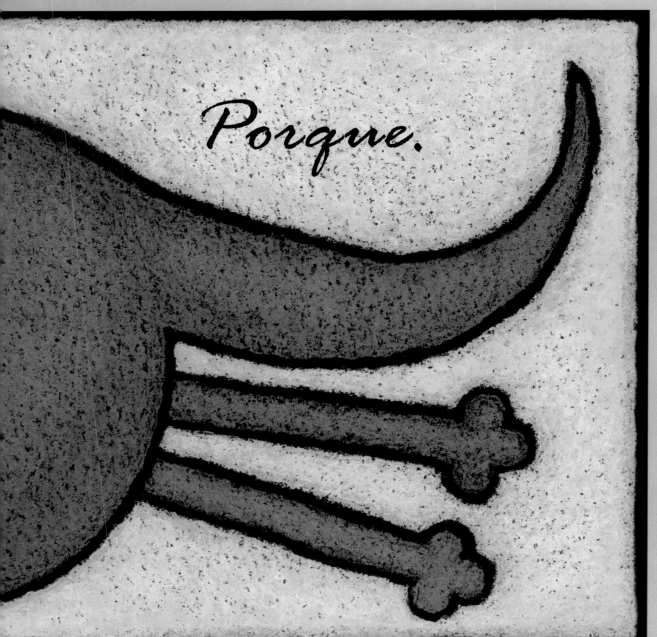

Porque.

Los canguros dan a luz canguros bebés que son del tamaño de las bellotas del roble y pesan tan poco como una arveja. Con sus fuertes garras el bebé canguro se agarra a la piel de su mamá y se trepa en el bolsillo, donde se alimenta de la leche de la madre por algunos meses. Después come plantas. Los canguros saltan con sus patas traseras, usando su cola, que es muy fuerte, para ayudarse a saltar.

bebés cuando saltan.

Para que el doctor revise sus amígdalas

Sus dientes

QUIÉN SABE.

Están aburridos.

¿Por qué

están tomando sol.

Cuando los hipopótamos abren grande sus bocas parece que están bostezando, pero en realidad lo hacen para espantar a otros machos. La lucha entre los machos puede ser mortal. Los hipopótamos viven en África. Aunque son animales de tierra, pasan mucho tiempo en el agua, porque si se quedan en tierra seca mucho tiempo pierden mucho líquido y se deshidratan. Se alimentan de hierbas, siempre de noche. En una noche pueden comer hasta 40 kilos de hierbas.

bostezan los hipopótamos?

Para saber
dónde
tienen
la cabeza.

Porque se comieron a todos los peluquero

Para que no los confundan con vacas.

Para presumir.

La melena hace que el león parezca más feroz. La melena también los protege de otros animales depredadores o de otros leones que tratan de morderlos en el cuello. A los leones jóvenes comienza a crecerles la melena a los tres años. A esa edad comienzan su vida independiente y se separan de sus progenitores.

ue trataron de cortarles el pelo.

No les gusta cortarse las uñas de los dedos.

Así no tienen que jugar al fútbol.

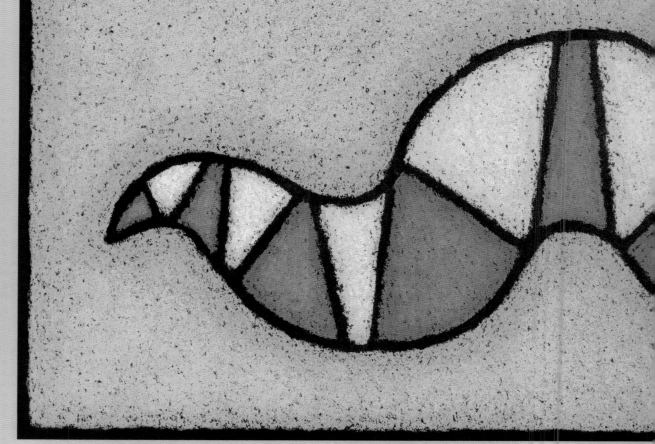

PARA QUE NO PUEDAN

Se olvidaron
de hacerlas
crecer.

Las víboras no tienen patas porque reptan hace ya mucho tiempo. Tienen cuerpos fuertes y musculosos, que ellas giran para moverse por ahí. También usan sus escamas para ayudarse. Las víboras no pueden regular la temperatura de su cuerpo, por eso les gusta calentarse al sol. En invierno y en climas fríos ellas hibernan.

CAERSE.

Para hacerle cosquillas a los

Para
esconder
sus
enormes
bocas.

¿POR QUÉ

LAS MORSAS

bebés. *Para parecer lindas.*

No saben
cómo afeitarse.

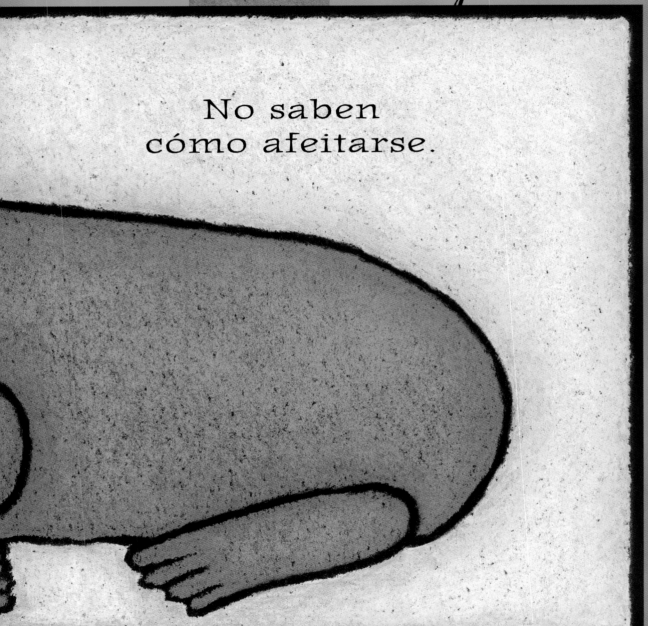

Las morsas se alimentan en el fondo del mar donde está muy oscuro, incluso durante las noches de luz polar. Usan el bigote para orientarse en la oscuridad, mientras buscan caracoles de mar y cangrejos, o para ir a cazar pulpos y peces. Las morsas viven hasta 40 años en grandes manadas.

TIENEN BIGOTES?

Para poderse
hamacar.

Para
diferenciarse
de los seres
humanos.

Para atarse a los árboles

¿...qué los monos tienen colas?

en los días de viento.

★ Los monos usan sus colas para colgarse de las ramas cuando se mueven de un lado al otro. Sin embargo, no todos los monos tienen colas. Hay monos que no tienen colas como los gibones, gorilas, chimpancés y orangutanes. Los llamamos monos parecidos a los humanos.

Porque son narigones.

Por ninguna razón.

Para guardar los mocos.

¿Por qué los elefantes tienen

Para tocar la trompeta cuando se despiden.

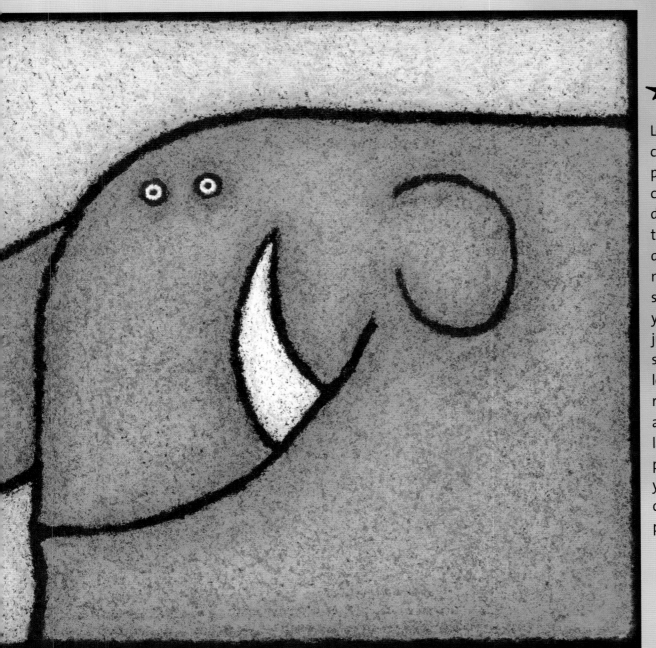

★

Los elefantes tienen cuellos cortos y no pueden doblar sus cabezas hacia abajo en dirección al piso. Por eso tienen una trompa, que surgió porque la nariz y el labio superior se hicieron más largos y finalmente crecieron juntos. El elefante usa su trompa para beber, levantar hojas, romper ramas y hasta para arrancar árboles. Con la trompa también puede oler y sentir, y la usa para respirar cuando está en aguas profundas.

trompas?

¿QUIÉN ES QUIÉN?

Lila Prap
Dibujos y texto

Jelka Pogaçnik
Explicaciones científicas

Ana Burgert
Traducción al castellano

Stella Maris Rozas
Editor

Ana María Cabanellas
Gerente general de Editorial

No me gusta ninguna de estas respuestas

Impreso en China
Marzo 2008
Queda hecho el depósito que establece la Ley 11.723.
Libro de edición argentina

leónvora

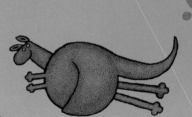

Jirafamello

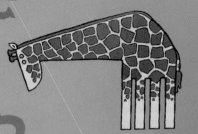

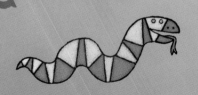

camelloguro

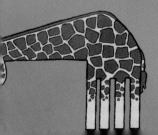

Serpienguro

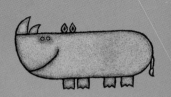

camellopiente

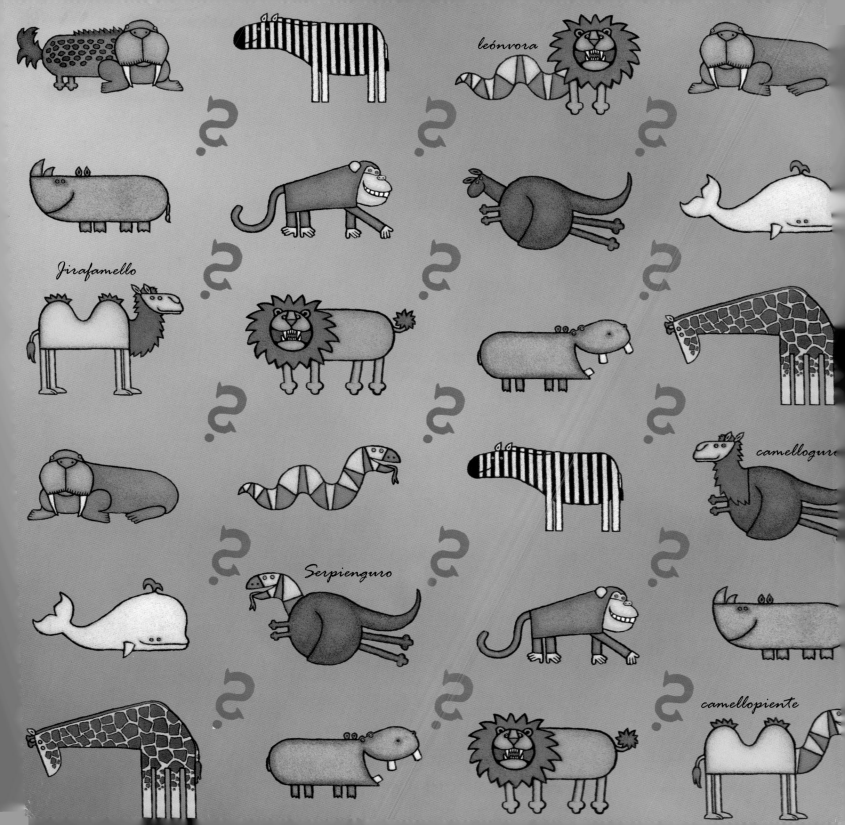

leónvora

Jirafamello

Serpienguro

camellogur

camellopiente